青春期驾到，放轻松

[韩] 朴城佑 / 著
[韩] 朴瑗京 / 绘
李　旋 / 译

天地出版社 | TIANDI PRESS

我擅长什么呢?

大家想认识什么样的朋友?
想拥有怎样的未来?

我们每个人都很特别，个性十足。
如歌如梦的青春期，
我们在学习中成长，
在矛盾中进步；
我们梦想着拥有美好明天，
勇敢地迎接着各种挑战。

今天的你，感觉还好吗?
是稍显疲惫，还是轻松自如?
不管怎样，
今天也好，明天也罢，
但愿你的世界光彩夺目、异彩纷呈!

《青春期驾到，放轻松》一书，
从描述个性的“热情”一词开始，
到大家和谐共处的“和平”为止，
共收录了与青春期成长有关的62个关键词。

通过这些关键词及它们涉及的场景和语境，
你能够轻松愉快地了解到，
青春期时的你应该从哪些方面提升自己，
为自己增光添彩，点亮彩虹般的未来。

希望通过此书，
大家能在交友、学习、沟通、自我管理等方面
找到自己的长处；
也能怀着梦想，
一起去思考青春期里我们的成长。

我的未来会是什么样呢?

目录

正确认识自我

1

2

3

在学习中进步

4

5

6

7

芒果有芒果的颜色和清香，
香瓜有香瓜的色泽和芬芳，
世上所有的事物都有独特的一面，
就像小猫，
既有温顺的，也有暴躁的，
既有高冷的，也有爱撒娇的。
人也如此，
既有沉默内向的，
也有热情活泼的，
既有内心细腻的，
也有大大咧咧、粗线条的，
还有自带气场的！
人的性格如此多样，各自的表现形式自然也不同。
那么，我们该以怎样的个性走向明天，
又该保留自身哪种独特的颜色和香气呢？

1 正确认识自我

热情　主动一点没什么不好

“我爱你，妈妈！不对，母亲大人！”

“这孩子今天怎么怪怪的？”

└ 在妈妈给我涨零用钱后，向她行礼表示我的心意。

“还要吃吗？”

“爸爸的手艺世界第一。不对，宇宙第一！”

└ 竖起大拇指称赞爸爸做的菜好吃。

同桌向我请教数学题，

从解题思路开始，亲切地为他讲解。

这样的我，

是不是热情似火呀？

我有些木讷，

不知道能不能做到，但我要试着走热情路线啦！

热情

热情像燃烧的火焰，能融化冰川，能给人温暖。

果断 毫不犹豫往前冲

下决心戒掉电脑游戏，

果断地说声“拜拜啦，电脑游戏”，然后翻开书。

└ 虽然手还有些痒痒的，但我能忍住。

果断制止欺负朋友的行为，

虽然欺负人的那个同学比我力气大多了！

└ 如果有人这样对你，你会开心吗？

“选什么呢？”

└ 遇到没把握的题，不再纠结，就选自己认为对的选项！

我这样，
算果断吧？

明知鼓起勇气向爸妈提要求也可能会被拒绝，
但是不是也要果断表达一下自己的想法呢？

果断

认准了就去做，拖泥带水只会将事情变得更复杂。

播音主持
培训班报名处

加油，
果断挑战一回！

自我介绍

淡定 有什么可担心的 

“大事不妙，据说今天有英语小测验！”

“是吗？那更好，不用上课了。”

└ 考前别焦虑，不把考试当回事就行。

“唉，再快一步就搭上车了！”

“没事，等三分钟车会再来的。”

└ 即使着急回家的时候与公交车失之交臂，依旧不慌不忙。

“哇，终于到午饭时间了！”

└ 下午第一节课就得发表演讲了，也要先填饱肚子再说。

还没发生的事，担心有什么用！

说得对，青春期有什么大不了的？
生活嘛，就是得开心！

淡定

遇事不惊、处事不乱。

内向　不爱开口不代表没主见

“其实我也会！”

└ 老师没抽我回答问题，但我依然心情愉快，因为我知道自己会做。

“只有我才能看！”

└ 在秘密日记本中用别人看不懂的文字做记录。

“我还是回家吧。”

└ 有时，比起和朋友在一起，我更想独处。

其实，我很喜欢安静的自己！

虽然内心的想法没能直接表达出来，
但我的朋友，你知道的，我很喜欢你。

内向

内向并非不好的性格，内向也不等于不善于交际。

一个人听音乐也很棒！

粗心　明明会做还老出错

“太棒了！今天有红烧排骨吃。”

└ 为了早一点儿吃到午餐，在奔向食堂的路上摔了个狗啃泥。

“哈哈，这道题我会！”

└ 还没读完题便开始解答，导致明明会的题答错了。

“哇，雪下得可真大呀！”

└ 下雪了！兴奋得如同摘到桃的猴子，手舞足蹈跑出去，却不小心从楼梯上滚了下去。

要是再仔细一点儿、稳重一点儿，该多好呀！

嘿，百密也有一疏，我有一回，还把包落在公交车上了呢。记得常提醒自己别粗心就好！

粗心

仔细是成功的诀窍，粗心是闯祸的根源。

善于社交 我们做朋友吧

“哇，马上就混熟了呢。”

└ 上周转学来的东民，对我们班同学的情况，知道得比我还多！

“你怎么见到他们的？”

└ 米拉竟然和我喜欢的明星一起拍了照！

“去我家玩儿吗？”

└ 惠智每天带不同的朋友去家里做客。

大概因为我是独生子女，
我很羡慕那些善于交际的朋友！

你脾气好又这么体贴善良，
当然也能交到这么多好朋友啊！

善于社交

能说会道和善于倾听，都能获得交际方面的成功。

细心　感谢你的照顾

“今天就吃不辣的吧！”

└ 智敏知道我不能吃辣，点了不辣的炒年糕。

“有点儿发烧啊，你还好吗？”

└ 上课时老师发现我不舒服，建议我去医务室。

“你没带卫生巾吧？”

└ 在我突然来月经时，茹珍借给我卫生巾。

看着如此细心的你们，
不知不觉我的心也暖了起来！

细心

细心的人往往更容易看清事物的本质。

孩子需要悉心的照顾。

坦诚　坦坦荡荡说出来

“补习班是几点结束的？”

└ 妈妈问起时，老老实实地坦白了自己没去补习班。

“这是摔伤的？”

└ 毫不隐瞒那些小混混对我施加的暴力。

“我怎么会那么说呢？”

└ 听完朋友的话，没有乱发脾气，而是平静地与他交谈。

将一切坦白后，
心里好像也舒坦了！

做得对，
没说谎是对的。

坦诚

坦诚拥有神奇的力量，能帮你快速获得他人的信任。

在日记里就坦诚一些吧！

自负　只能威风一会儿

“像不像国家队队员？”

└ 在女同学面前展示跆拳道功夫，却隐隐传来裤子撕裂的声音。

“说清楚我们只是在讨论就行了吧？”

└ 和朋友在图书馆吵闹，最终被扫地出门。

“考试考得好吗？”

└ 同桌一向认为自己的数学天下无敌，结果分数却比我低。

过于自信，
容易走弯路，做事需谦虚谨慎！

禁止随时随地嘚瑟！

自视过高、盲目自大的人往往更容易失败！

放着，让我来！
今天我下厨！

其实，今天是我第一次做菜……

积极　问候就要大大方方

“老师好！”

└ 在校门口遇见老师，笑眯眯地走过去，用洪亮的声音大方向老师问好。

“明天再来？”

└ 在操场与刚认识的伙伴开心地打完篮球，积极地相约明天。

“奶奶，有我在真好吧？”

└ 回家路上，顺道去奶奶店里帮忙，并一起关店回家。

是的，与其畏首畏尾，
不如积极大方一点！

看来我也不能一味地发火，
得乐观积极地面对生活了。

积极

消极的人受环境控制，积极的人控制环境。

青春期密语

嗨，此时的你是不是已经发现自己变得不一样了？你开始喜欢在镜中研究自己的相貌体态、仪表风度，开始注意别人对自己打扮的评价，总是在意别人眼里的自己是怎样的。你可能还会思考：自己是怎样的人，将来会成为怎样的人，自己的优缺点是什么。

如果你说：没错，我就是这样的！那很好，说明你正在青春期的路上健康成长，对自己有了比较客观的评价。

关于个性，有几个重要的点，你一定要清楚。

1. 个性没有好坏之分。无论你热情似火还是内向寡言，心细如发还是马虎大意，都没有关系。你就是你，是独一无二的！无须因为自己的性格而感到烦恼。接纳自己、肯定自己，才是一切美好的开始。

2. 青春期是个性可变可塑的一个时期。也就是说，你的性格在这时候还没有完全定型。你大可以去尝试、挑战一些你以前想都不敢想，或者认为自己做不到的事情。比如，你羡慕那些热情的人，就可以尝试表达属于你的热情呀，就从改变对爸妈的态度开始！要知道，行为能改变习惯，习惯最终能改变性格！

3. 接纳自己并不代表我们什么都不能做。心理学家经过研究证实，无论是哪一类人，如果以他们自身的状态和水平为基点，有目标地去努力，一段时间后，他们都能比现在做得更好。

以下这些方法，能帮助你正确认识与完善自我，你不妨试一下。

1. 积极主动去沟通。主动是一个人拥有独立人格的基本表现，也是热情的首要前提。你可以试着主动问好，主动微笑，主动去寻求别人的帮助，并主动表达你的感谢。比如当爸爸做了你喜欢吃的菜，你完全可以给他点个大大的赞，表示你的快乐与感谢。

2. 勇于尝试新事物。如果你一直在做你能力范围内的事，那么你永远也无法进步。果断地去尝试一些于自己来说有一定挑战性的事情吧，比如认识一个新朋友、报名参加学校新开的播音主持培训班等。通过这些新的尝试，你会更加全面地看到自身的优缺点，从而更好地完善自己。

3. 遇到事情别慌张。保持冷静的头脑很重要，尤其是遇到危急的事情时，更不能手忙脚乱，要相信自己有能力解决，并努力想办法去解决。在学校，我们会遇到无数大大小小的测验，甚至各种演讲，但是只要你平时有认真听讲、演讲前有认真准备，就没有什么可怕的。有时候，过程比结果更重要。

4. 学会独处。独处是一种能力，更是一种修养。有时候，给自己一个独处的空间想自己所想、做自己想要做的事，是很有必要的，它能让你对自己的认识更深刻，效率更高。

5. 养成做事认真检查的习惯。当我们完成一项任务后，要回过头来认真检查一下。这样，那些因为粗心而导致的错误就会被纠正。比如说做完作业、考完试以后，认真检查有没有算错的题、写错的字；上学之前检查一下上课要用的书本有没有带齐，考试之前检查一下考试要用的文具，等等。久而久之，你就会发现自己变得越来越细心，事情也办得越来越漂亮了。

6. 始终保持自信。自信能让一个人更有魅力。平时，我们应该多关注自己的优点，少在意自己的缺点。如果你总想着自己的缺点和不足，就会变得越来越不自信。要知道，每个人都有属于自己的优点和长处，你可以将自己的优点和长处列出来，写在纸上。至少列出五个优点和五个长处。平时多看看这张纸，这能有效提升你的自信，从而帮助你提高成功率。当然啦，我们也不能自信过头哟！过于自信就是骄傲，很有可能会害你陷入尴尬甚至失败的境地哟。

秋刀鱼聚在一起，能发出银光点点。
我们聚到一起，也会金光闪闪。
秋刀鱼团结起来，可以逆江而上。
我们团结起来，能开启美好明天！
我们既相似，也不同。
我们都是最特别的存在！
朋友能理解我的想法，
也可以弥补我的不足；
能听我倾诉难以启齿的苦恼，
也可以帮我排解烦闷的心绪。
我们总是形影不离，互相鼓励。
无论孤独、疲惫、喜悦……
愿好友常在身边。

2

交值得交的朋友

形形色色 我们都很特别

“哇，他居然能睁着眼睛睡觉！”

└ 下午第一节课，有的同学注意力超集中，
有的则昏昏欲睡。

新闻主播、漫画家、宇宙科学家、中餐厨师、偶像明星……
朋友们朝各自的梦想前进。

踢球踢得好的，球飞来时只想躲闪的，踢空摔倒的……
大家都来踢球啊！

虽然我们各有不同，
但都一样光彩夺目！

形形色色

海纳百川，有容乃大。各种各样的朋友我们都要试着去结交。

因为不同，所以美丽！

莫逆之交 你我之间默契十足

“在这儿睡吧？”

└ 我家大门随时向敏浩敞开，他常住在这里。

“今天请你撮一顿。”

└ 和发小贞妍一起去吃猪排。

“喜欢的明星又换了？”

└ 我的好恶，慧珍总是了如指掌。

我们好像渐渐
成了莫逆之交。

只要见到好朋友，
郁闷的心情立马就能变好！

莫逆之交

我们不分彼此，我们默契十足，我们好得如同一个人。

我们是最亲密的朋友！

享受　能玩的时候尽情玩

“看谁先跑到那边。”

└ 和朋友一起在海边奔跑，并放声大喊。

“啊，肚子快要撑破了。”

└ 朋友妈妈做的拉面炒年糕，被我们吃了个精光。

“我们学校为什么没有‘乱舞大赛’？”

└ 参加学校活动，尽情展示自己唱歌跳舞的实力。

这种时候
就该尽情地玩。

是啊，该休息的时候好好休息，能玩的时候尽情玩。
可什么时候学习呢？

享受

学会善待自己的心情，享受生活的馈赠。

享受胜利的喜悦。

疏远　我们为何渐行渐远

“我今天约了其他朋友。”

└ 从前和锡勋每天见面，现在三个月都见不到一次。

“最近对什么事都提不起兴趣。”

└ 几乎放弃了曾经热衷的社团活动。

“是因为太久没见吗？”

└ 时隔许久再见到好朋友，却无话可说。

我们的关系，好像疏远了。

这么看来，从前的好朋友
和现在的好朋友都不一样了呢。

疏远

和曾经在乎的朋友，慢慢变得疏远、变得陌生。

嘻嘻哈哈　笑得没个正形

“真的超搞笑，你看了吗？”

└ 和朋友叽叽喳喳地聊起昨天的搞笑节目。

“不是说了吗？我先给你梳，你再给我梳。”

└ 笑着抢着要给对方编辫子。

“你也试试吧！”

└ 和朋友把鱼饼汤里的紫菜末贴在门牙上，笑得前仰后合。

总是不知不觉就嘻嘻哈哈起来。

看起来没个正形？
哎呀，笑起来才有福气嘛！

嘻嘻哈哈

嘻嘻哈哈，吵吵闹闹，幸福的时光真美好！

信任　你相信我吗

“今天爆米花我来买吧！”

└ 你说下次请我，这次我买了电影票和爆米花。

“这件事我只告诉你。”

└ 相信你的为人和我们的情谊，向你说出了我的秘密。

“我相信你绝不会偷别人的东西！”

└ 我能感觉到，我们是真心信任彼此。

我们之间的信任会更深吧？

是的，因为我们相信彼此，
遵守彼此该遵守的约定！

信任

信任拥有魔力，能让我们的感情和关系变得更好。

拉钩、盖章，一百年不许变。

独一无二　你是我最重视的朋友

“要是上了大学，我们彼此仍有好感，就在一起吧！”

└ 我希望和你做朋友，长大了再说喜欢。

入睡前想到最好的朋友正仁，好想对他说：

“有你这样的朋友，真幸运！”

“这可能吗？”

└ 填答题卡时，错将每个答案往后填了一格，

结果却得到了高分！

这样的事可能全世界也仅此一例吧！

很幸运，成长的路上有你陪伴。

独一无二

世界这么大，只有一个自己，我们每个人都是独一无二的。

亲密无间　放屁也不怕的交情

“在彼此面前放屁，我们也不会难为情。”

└ 都说恩京很腼腆，但他在我面前，放了屁也能若无其事。

“我们俩的分数加起来，准能得第一。”

└ 和成民交换成绩单，笑着相互鼓励。

“等一下，别动。”

└ 吃过午餐，帮朋友擦去嘴角的饭粒。

忽然发现我们已亲密无间。

不用管什么面子，
因为我们是最要好的朋友。

亲密无间

彼此亲近，无需看脸色，也无需处处小心。

善意　懂得替他人着想

“没带伞吗？”

└ 雨天，学长让我同他打一把伞。

“照着这个写！”

└ 上课犯困没来得及记笔记，同桌将她的笔记借给我。

“要去我家换一下吗？”

└ 说家里小，从没带朋友去过，但当我打篮球衣服湿透，你却把我带去家里，借给我T恤衫。

你们的善意
我怎么能忘？

你不知道，
你有一颗多么善良、美好的心。

永远不要吝啬你的善意，因为善意在黑夜里会发光。

欣喜　我的提议，你都接受

“我们周末去溜冰吧？”

└ 当我提出周末去溜冰，你欣喜道：“好呀，好呀！我早就想去啦！”

“你喜欢的话，我送给你。”

└ 朋友爽快地将珍爱的发带送给了我。

“我其实最喜欢那个明星。”

└ 在旅行中分享小秘密，朋友将自己的好恶全告诉了我。

不论我提议做什么，
你总是笑着欣然接受。

看着你欣喜的样子，
不知不觉我的心情也变好了！

欣喜

心里乐得像吃了蜜糖一样，甜滋滋的。

青春期密语

友谊是点缀青春的最美的花朵。进入青春期你会发现，较之于父母，你更喜欢跟朋友在一起。和朋友在一起有聊不完的话题，分享不完的秘密；你们甚至连上厕所都形影不离，在大街上也能笑得无所顾忌。如果足够细心的话，你可能还会发现你现在的好朋友似乎跟以前的好朋友也不同了呢。

那么，青春期交友都有哪些特点呢？让我们一起来了解一下吧！

1. 友谊会发生变化。在你还是个儿童的时候，你可能更喜欢和很多朋友（通常有七八个）一起交往、游戏。但是，进入青春期后，你可能更希望跟与你有共同想法，能听你倾诉烦恼并保守秘密的朋友相处。你曾经的好朋友可能不能满足你的这个需求，与你渐渐疏远。这是个很自然的过程，大家都会经历，所以你不必为此感到困扰。

2. 志同道合成了择友的重要标准。现在的你更容易被与你有共同的理想追求，有相同的兴趣爱好的人吸引。你们也许还有共同的苦闷和烦恼，性格也相近。你们在一起会有许多共同话题，有共同崇拜的名人偶像，有共同喜欢的学校社团，一起运动，甚至彼此的特长也互补。

3. 开始对异性朋友感兴趣。与儿童期不同，青春期的你可能开始对异性产生兴趣。而且，在一些男生和女生的心中，会有一位自己喜欢的异性朋友。但是这种男女同学之间的好感并非爱情，它缺乏牢固的基础，随着时间的流逝，很快就会渐渐淡化，甚至完全消失。

当然啦，交友也是需要讲究原则的，以下建议也许能帮你将友谊之桥搭建得更加牢固。

1. 待人真诚。要想交到真正的朋友，就要诚心待人，彼此肝胆相照，心心相印。尤其是朋友需要帮助的时候，你一定要积极主动，绝不能袖手旁观，哪怕仅仅是一次雪中送炭的课堂笔记都会让对方心存感激。课下分享彼此的小秘密，真诚地袒露心声，即便在交往中产生了小摩擦，也要及时解决问题并主动承认错误。另外，发现对方身上的优点，真诚地赞美会激发彼此交往的热情，对你们天长地久的友谊起到催化剂的作用。

2. 彼此信任。如果你和朋友约好一起去做某件事情，就要讲信用，绝不食言，即使遇到突发情况，也要给对方留言，以示对对方的尊重。还有，朋友给你分享了他的小秘密，你一定要守口如瓶，绝不能像小喇叭一样到处广播，这样会伤害到彼此的信任，让友谊的火花瞬间熄灭。

3. 对朋友要宽容。在与朋友相处的过程中，难免会发生一些摩擦。可能是一句话，也可能是一个行为，让彼此产生误解。此时，你一定要换位思考，站在对方的角度考虑问题，体谅和宽容朋友，不可斤斤计较。这样，友谊的小船才能越驶越远。不然，打不开的心结会让彼此渐行渐远。

4. 慎重、选择性交友。俗话说：近朱者赤，近墨者黑。要选择志趣相投、人品好、具有正能量的人交朋友。有时性格互补也能成为朋友。可是，如果你的好朋友想做某种危险或不正当的事情，比如说人坏话、旷课、偷窃或恐吓他人等让你感觉不舒服的事情，如果无法说服对方，主动疏远并告知家长则是一个好主意。

5. 正确与异性朋友相处。在青春期，交几个关系比较铁的异性朋友是有必要的。交结异性朋友能使彼此优点互补，使得自己更健康地成长。比如，男生可以学习女生的细腻、温和；女生则可以学习男生的直爽、缜密。但是男女生之间言行举止要有分寸，对待异性不要过分拘束，也不要过分随便。一些不应开的玩笑、不应做的举动是要加以禁戒的。

菜粉蝶用力扑腾着翅膀，
将自己前行的道路点亮。
蓟草日夜收集灿烂阳光，
最终孕育出紫色的花朵。
菜粉蝶小的时候
是一条有些可爱又让人有点讨厌的小虫。
蓟草不断延伸的茎上，
也曾在不经意间露出扎手的尖刺。
它们或许和当下的我们
并没有什么不同。
说过的话，做过的事，
有时会让我们觉得不好意思。
但对于从前的自己，
大家不必感到羞愧。

3

反省自己做过的事

羞愧　真不该那么做

和老爸争吵时，“哐”的一声关上了房门。

└ 唉，其实没打算这么用力的。

在与奶奶相依为命的孩子面前一个劲儿显摆自己的爸妈。

└ 啊，我想得太不周全了。

对想减肥的朋友说了不该说的话。

└ 唉，真不该取笑别人的外貌。

说了不该说的，做了不该做的，
羞愧便随之而来！

那些让我尴尬和抱歉的事，
今后要少说少做。

羞愧

羞愧让我们重新面对错误，真诚面对生活。

倦怠 没啥乐子吗

“啊，吃饭都觉得烦！”

└ 休息日一个人宅在家无聊极了。

“今天又该怎么打发呢？”

└ 第一节课还没开始，已经感到乏味，只想快些回家。

“我是谁？我在哪儿？”

└ 每天都得逼着自己去补习班坐着发呆。

这种时候
是不是对生活感到有些倦怠？

要是能发生一些有趣的事就好了。

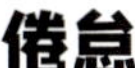

倦怠

幸福的人总能在倦怠中找到新的风景。

嘲讽　十分抱歉嘲笑了你

妈妈说想和我聊聊，我却顶嘴道：

“没什么好说的！”

对每天都穿同一件衣服的朋友轻蔑地说：

“喂，你就只有这一件衣服吗？”

正在学习的妹妹问我问题，我却冷冷地回道：

“哼，学习再好也派不上用场！”

这种时候
我觉得自己真喜欢嘲讽人。

别总以为自己是高高在上的太阳，
别人都得围着你转哟。

如果总是嘲讽别人，最终也会被别人嘲讽。

哼，我什么都不需要！

世界一片黑暗……

语气　为啥这么没礼貌 

老师真诚地问我话，我却心不在焉地说：
“这个……我不清楚。”

说话时动不动就握紧拳头，吼道：“喂，讨打吗！”

有人制止一个行为不良的哥哥抽烟，他却一边吐口水一边骂道：
“少管闲事，给我滚远点儿！”

这样的语气该改改吧？

是啊，不都说
语言代表着一个人的素质吗？

语气

有时，你说话的语气比内容更重要。

不和　从前的我去哪里了

"从前那个听话的乖孩子去哪里了？"

└ 不管妈妈怎么问，我总是闭着嘴不回答。

"别惹我，学习好有啥了不起？"

└ 和成绩优秀的姐姐隔三岔五地吵。

对先向我道歉的朋友说："我话都不想跟你说！"

这样闹矛盾，
我心里也不好受。

我也知道和和气气最好，
但有时很难做到。

不和

我们的关系就如同水和油，不能融在一起。

冤枉 误会不断加深

“你想偷看我的答案吧？”

└ 误会朋友，说了他一整天。

嘲笑朋友的英语发音，

后来知道他的发音才是标准的。

“喂，能躲开一下不？”

└ 本以为他喜欢我，其实他根本没那意思。

呀，说真的，

还真错怪别人了！

谁都不喜欢被冤枉，

因为被冤枉的滋味真不好受。

冤枉

随意揣测，把无辜的人当坏人，会错过别人的善意。

反思　今天做的事都对吗

今天老师对我说了很多有益的话，我却一味地顶撞他。

└ 如果我是老师，一定忍受不了。

爸妈忙得连休息日都没有，而我每天只会发脾气。

在力气小的朋友面前亮出拳头，假装威胁要打他。

回顾今天一天，
有些事让我觉得很惭愧。

猛然回首时，
希望我走过的路都闪闪发光。

反思是一面镜子，能清楚地照出我们的错误，让我们有机会改正。

有时，我们的内心也需要照一照。

小气　一毛不拔可不好

朋友想看我的笔记，
我小气地坚持不给她看。

因为弟弟吃掉了最后一个紫菜包饭，我向他大发脾气。
弟弟委屈道："姐姐说已经吃饱了，我才吃的。"

妈妈说：在我成绩提高前，
零花钱什么的全部被取消。

这种时候
是不是显得太小气了？

对，我可不想活得那么小气吝啬。

小气

吝啬鬼永远处在贫困中。——贺拉斯

青春期密语

最近你是不是经常陷入这样的窘境：不经意的小事都会令你情绪波动，甚至引发冲动的行为，但事后你又无比懊悔、自责？放轻松，在青春期这是正常的，是迈向成熟的必经之路。想要摆脱这样的窘境，最好的方式便是反省——反省自己曾经说过的话、做过的事，从中吸取经验教训，及时修正和完善自我。

关于反省，你需要清楚以下几点：

1. 反省是获得成长的最佳途径。青春期的你，自我意识趋于成熟，自尊心越来越强，非常在意他人的评价。可社会经验和生活经验都不够丰富，让你在思想和行动上有局限性，有时不能够采取恰当的方式来行事，常常言不由衷，自以为是地取笑他人。反省是一面镜子，能够清楚地照出自身的错误，让你可以分析出错的原因，找到解决问题的办法，为以后的成长积累经验和智慧。

2. 经常反省能改变一个人的心态。反省会让你抛弃固执己见与狭小的格局，让你在反思后真诚地面对生活。比如，通过反省，你认识到搪塞老师问话、握拳头怼人都是不对的。在纠错的过程中，你敞开了自己的心扉，最后收获了珍贵的师生情与同学友谊。接纳别人的同时，格局便打开了。

3. 反省是自我管理的有效方式。有时我们敏感冲动，因小事与他人争吵，误会朋友，把无辜的人当成坏人……只有通过

反省，我们才能找出问题的根源并及时修正，管理好自己情绪的同时提高认知，避免下次再犯同样的错误。

为了把反省落实到生活中，推荐给大家几种做法：

1. 敢于面对自己的过错。现实生活中，每个人都不是完美的，总会有说错话、做错事的时候。为此，我们不必羞愧，应以平常心接纳、承认自己所犯下的过错。只有敢于面对，才有勇气改正。逃避可不是解决问题的办法哟。

2. 改正过错的同时要进行总结。出现过错并不可怕，关键是要纠正并杜绝再犯同样的错误。防止错误再犯最有效的方法就是进行总结。把每次反省后的结论写下来，有时间拿出来读读，在思想上给自己敲敲警钟，这样就能有效避免在同一个地方翻船了！

3. 要养成不断反思的好习惯。许多成功的人都是不断反思的践行者，比如英国著名作家狄更斯和法国大作家巴尔扎克，他们在写作的时候，都是坚持每天不断反思，才有我们欣赏到的伟大作品的诞生。为此，我们更应该坚持自我反思，有错即改，没有就时常警醒自己。你最好专门准备一个日记本，坚持每天都写反思日记。一段时间后，你会发现自己思想越来越成熟，人格也越来越健全。

即将离巢的小鸟，
只有在不断练习飞行技能后，
才能翱翔蓝天。
年纪尚小的猛兽，
在无数次放跑猎物后，
才能成功捕获猎物。
没有勇气，遇事一味退缩，
怎么可能成功呢?
就像我们学习骑自行车，
往往直到膝盖满是伤痕，
手肘也磨破了皮，
才能成功骑上车，
在芳草萋萋的河边快乐地向前冲刺。
我们要默默学习，争取青出于蓝；
还要倔强奋进，积攒实力一飞冲天。
我们要耐心弥补不足，努力成为模范；
还要勇于面对自己的变化，在学习中成长进步!

4

在学习中进步

比较　善意的竞争好处多

“噢，他考得比我想象的要好！”

└ 和同桌比数学成绩。

“你踮脚了，以为我看不到吗？”

└ 和朋友背对背比比谁高。

“呀，你猜对了！”

“小意思。”

└ 在班委选举当天准确预测投票结果。

这样的比较
有时也挺有趣的。

话虽这么说，
朋友间非得争个高下就没意思了吧？

比较

善意的比较能促进双方成长。

谁高谁矮比比才知道。

榜样 我也有这样的一面吗

“你好像很不舒服啊，我陪你去医务室吧。”

└ 没有选择漠视，贴心地照顾生病的朋友。

“谁把废纸扔在这儿了？”

└ 上学路上，将花坛边的废纸捡起来。

“今天该学什么呢？”

└ 在老师上课之前，认真地做好课前准备。

这种时候
我也称得上榜样吧？

与其他孩子相比，
我有哪些事迹堪称典范呢？

榜样

榜样是照亮前路的灯塔，始终为我们引领方向。

被授予“以身作则”奖！

不尽如人意 努力过就好

“再多吃点蔬菜、多运动就好了。”

└ 严重的便秘，稍稍缓解了些。

“这道题这么做对吗？”

└ 数学题做是做了，但没完全理解。

“唉，太难了。这既不像舞蹈，也不像体操。”

└ 以两倍的速度学习女子团体舞，却没有任何提高。

做是做了，
但为什么总感觉不尽如人意。

觉得不如意，
总揪着不放也不行啊！

不尽如人意

不尽如人意的事情很多，我们必须笑着面对。

博学　什么都知道

“太阳系中最大的行星是木星……”

└ 我们班的“数学博士”，对宇宙科学也无所不知。

“你们也许不知道……”

└ 又是“雄性激素”，又是“雌性激素”的，

东皓说得头头是道。

“那么多作家的小说，你是怎么看完的？”

└ 小说和电影涉猎很多的后辈。

还真是博学呀！

我最了解的是什么呢？

博学

一个人必须博学，才可能做出前所未有的成就。

执着 再努力一点点

“呼哧，呼哧……”

└ 在学校接力赛中，接过棒开始冲刺。

“我不困！是的，我不困！”

└ 上课时为抵抗睡意，使出了吃奶的劲儿。

“对，先努力试试看！”

└ 就算所有人反对，我也不会放弃梦想。

执着是必须有的！

我并不打算成为职业玩家，
但为什么会没日没夜地打游戏呢？

执着

执着与执迷不悟往往只有一步之遥，很难把握分寸。

喜欢的事总能让我无比执着！

自学　也可以成才

“爸爸按的哪个按钮来着？”

└ 像爸爸那样，自己的衣服自己洗。

在一旁观察妈妈做饭，
现在我也能做蛋炒饭了。

观察其他人怎么修自行车，
自行车坏了我也能处理了。

有些东西是可以自己学习的！

没错，自学获得的知识记忆更深刻！

自学

许多有成就的人的绝大部分知识是自己学来的。

韧性 坚持的力量

在图书馆阅览室看书两小时，洗手间都没去。

“所以再说一遍……最后再讲点爸爸的看法……”

└ 耐心听完爸爸长篇大论的训诫。

“居然才过去两天！”

└ 费了九牛二虎之力抢到限量版手账，
数着日子等待发货。

坚持等下去，
会有好结果吗？

有时觉得很自豪，
我竟然也有这样的韧性！

韧性

有韧性的人能将“不可能”变为“可能”。

青出于蓝　比老师更优秀

“哇，快到手都看不清了。”

└ 像社团里的前辈一样，我也能打长鼓了。

“老师的桌上总放着诗集。”

└ 像语文老师一样，我也开始读诗了。

“噢，可真优美！”

└ 音乐老师的钢琴演奏曾让我赞叹不已，现在我也在不断提升实力，梦想成为钢琴家。

我也能青出于蓝吧？

对，我一定能比老师、比社团前辈更优秀！

青出于蓝

不断积累，勇于创新，定能青出于蓝而胜于蓝。

青春期密语

青春期不仅是身体快速发育的时期，更是学习能力的爆发期。此时的你，记忆力、注意力、思维能力都达到了人生的巅峰。你的记忆力不仅明显高于小学生，也高于大学生，甚至超过了成人短时的记忆容量；只要是你感兴趣的事，你就会非常专注、难以动摇；你的思维也有了飞跃性的发展，对于数学、物理、化学这类比较抽象的学科，你也能学得游刃有余。

因此，青春期是学习的黄金期，你得抓住这段珍贵的时间，努力充实自己、提升自己，为未来走向成功和幸福，铺就一条宽阔的大道。

关于学习，有几个重要的点你需要知道：

1. 成绩不等于知识。成绩只是对一个人在某一阶段所学知识进行考核的结果，不能完全代表他对知识的掌握情况。只有不断积累，多多储备课内课外的知识，将学习当成一种终身的习惯，才能不断进步，最终取得成功。

2. 学习不是一蹴而就的。学习是个艰难而漫长的过程，需要花大量时间和精力，耐心去付出。即便有不尽如人意的时候，也不要气馁，只要我们再努力一点，多坚持一下，就会看到成功的希望。

3. 学习是对抗生理变化的最好方法。青春期要面对生理和心理的急剧变化，当你感到彷徨困惑的时候，不妨把精力都放到学习上来。去图书馆看看书，和小伙伴交流探讨，学习绘画与舞蹈……丰富多彩的学习生活，会给我们带来无穷的乐趣。

那么，你知道如何才能在学习中取得进步吗？以下方法，不妨试试吧！

1. 变被动为主动。积极主动地学习，才能感受到学习的乐趣，激发学习的兴趣。和伙伴善意竞争，是激发兴趣的最有效的方式之一。有了兴趣，学习效率才会提高。就像你自学舞蹈，因为自己喜欢，经历了无数次练习后，就能学有所成。每一个学习的过程皆如此，在感兴趣的前提下全身心投入，效果会立竿见影。

2. 取长补短。孔子曰：三人行，必有我师焉。言外之意，你可以多向身边人请教，撷取他们身上的闪光点，来弥补自己的不足。一段时间后，你会欣喜地发现，自己比之前有了很大的进步。课前做好准备，贴心照顾生病的朋友，捡拾废品丢进垃圾箱，一系列以身作则的行为，都会让你成为同龄人学习的榜样。

3. 博览群书，学以致用。书籍可以提高我们的素养，增长我们的智慧。闲暇时间多和伙伴们一起读书，一起交流，制订一个每天读书的计划，规定阅读量及读书的内容，严格遵守。与此同时，坚持写读书笔记，有效整理思想，将知识系统化，并做到学以致用，很快知识就会转化为你成长需要的能量。

4. 潜力是可以创造的。很多人会强调自己擅长什么，不擅长什么。其实，只要你付出努力，通过有效的学习，就能把很多不擅长的事情变得擅长。所以，不管学什么，都不要给自己的思想设限，不要暗示自己“我不适合学数学”“我就是不擅长学英语”，而是要告诉自己：“从现在开始努力，我一定能学好！”

5. 不要害怕失败。有时候，你可能觉得自己已经很努力了，但是依然做不好，或者演讲比赛还是没有得到名次。这时候，你可能就会很失望，对自己失去信心。这是很正常的情绪，但是你不能任由这种情绪支配你很长时间，得学会调整。要知道，对于那些能用心分析失败原因、认真调整方向的人来说，每一次失败都是迈向成功的基石；对于一个浑浑噩噩、怨天尤人的人来说，失败就是砸向他的巨石。所以，最后的路走得怎样，除了机会和能力，更重要的在于如何看待失败。

被惹到时，你会有怎样的反应?
刺猬会蜷缩身体、竖起尖刺，
臭鼬会散发难闻的气味，
马蜂则会射出令人生畏的毒针。
青少年时期，有时会遭受不白之冤，
明明没错却遭到训斥。
这种时候，把心里的话说出来，
会感觉畅快很多。
和爸爸妈妈或者兄弟姐妹吵架后，
你通常是先道歉，
还是等着对方先道歉呢?
争吵之后，再和解，
我们的关系会变得更加亲密!

5

在矛盾中成长

清白　请听我说

“你在背后骂我了吗？”

└ 妍真误会我在背后说她的坏话。

“不是我，是妈妈吧……”

└ 姐姐怀疑我偷看了她的手机。

“体育课的时候，你在哪儿？”

└ 班里有同学丢了钱，大家的目光都盯着我，
仿佛我就是那个小偷。

可得说清楚了，
我真的是清白的！

被冤枉的滋味真不好受。

清白

本身清白的人，即使不加辩解，也是清白的。

难过　哭出来会好受一些

“还不快道歉？”

└ 怎么想自己都没错，大家却让我先道歉。

“这次考试是不是超简单？”

└ 别人都考得很好，只有我考砸了。

“怎么就我这样？”

└ 其他孩子都有朋友，就我孤孤单单。

这种时候
难免泪湿眼眶吧？

但愿我不会因为委屈
而难过得落泪。

难过

难过了，就蹲下来，抱抱自己。

百感交集　心中五味杂陈

“真不是我干的！”

└ 明明我是受害者，却被当成加害者。

最终真相大白，我的冤屈才得以洗雪。

“这样还抵赖？”

└ 死咬住说没欺负同学，却被监控摄像拍了下来。

“啊，什么情况？”

└ 卷入校园暴力事件中，爸爸被叫到学校。

心中五味杂陈！

一时火大和别人打了起来，
真是让我又恨又悔又抱歉，心情复杂。

百感交集

无数感触交织在一起，心情十分复杂。

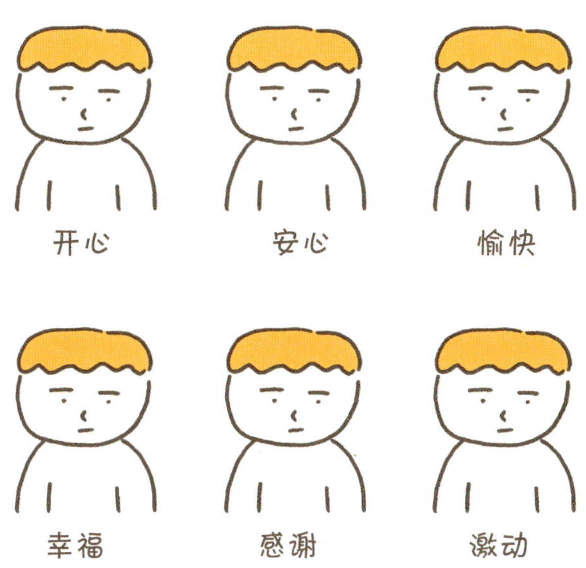

虽然假装若无其事，

但与你和好后，我百感交集！

挽回　不再让您伤心

“老妈，我今后不会再惹是生非了。”

└ 让妈妈伤心十分抱歉，主动将屋子打扫干净，放学也直接回家。

“对不起，是姐姐疏忽了。”

└ 久违地带年幼的弟弟去外面玩了个痛快。

“再忍忍。”

└ 上个月零花钱花太多，这个月打算省省。

对，就得这样一点点挽回。

已跌入谷底的我的成绩，
还挽回得了吗？

挽回

我愿意付出所有的努力，让事情回到原位。

虽然中途一度掉棒，
但经过努力，我们队
依然夺得第一！

难为情 居然有人夸我

“妈妈，这是给你的礼物！”

└ 和妈妈冷战好几天后，尴尬地开了口。

“啊，有点不好意思呢。”

└ 本打算先说对不起，结果朋友先来拍我的肩膀，向我道歉。

“让我们为文东哲同学鼓掌！”

└ 老师在班上好好地表扬了我一番。

总感觉有点儿不好意思呢。

虽然有些难为情，
但心情是不是变好了？

难为情

觉得尴尬，想找个地缝钻进去。

如坐针毡　说谎被抓个正着

考试作弊被抓后，班主任老师问我：
“知道校规吧？”

买书的钱用来买游戏装备被发现后，
爸爸说吃完饭后再找我谈。

欺负同学后，爸爸问我：
“再不说实话有什么后果，你清楚吧？”

这种时候
我真是如坐针毡！

今后可别让自己如坐针毡了。

如坐针毡

行得正，坐得直，才能走得远。

吐露心声　说个痛快

“呀，换作是你，你不会这样吗？”

└ 这段时间朋友让我伤透了心，把想说的都抖了出来。

“回家看到爸妈那个样子，顿时觉得没意思！”

└ 跟爸妈说希望他们别再吵架了。

对于我满脸的青春痘，大家在我背后议论纷纷。

└ 将烦恼向班主任倾诉了出来。

真想一股脑儿说出来！

不要总憋在心里，
就该开诚布公地聊聊！

吐露心声

在信任的人面前，就该尽情倾诉你的快乐和忧愁，希望与忐忑。

转变　心里舒坦多了

“之前是为什么和你吵呢？”

└ 我和由敏之前动不动就吵架，现在已经和好如初。

“早知道就好了，原来他并不是讨厌我。”

└ 后来才知道他故意摆出严肃的面孔，只是在装酷。

“爸妈为我一个人都操碎了心，老师得为全班操心。”

└ 以前总对班主任说的话不以为然，现在能听进去了。

心里舒坦多了，对吧？

睡个好觉，
烦心事少了，脑子也更清晰了！

转变

转变的出现意味着新的开始。

青春期密语

进入青春期，你是否发现自己成了矛盾制造机？在家里，跟父母话不投机半句多，总是争吵不断，硝烟四起。在学校，学业的压力让你苦不堪言，你很想向人倾诉，可又找不到值得信赖的人，内心充满了矛盾。其实，每个青春期的孩子都是在这种矛盾中成长起来的。

青春期为什么会出现这么多矛盾呢？

1. 这时的你变得让人有些难懂。这个时期的你，独立意识增强，渴望摆脱父母的羁绊，渴望像成人一样拥有独立自主的权利。但是父母或长辈却依然将你当儿童对待，事事耳提面命，让你觉得不胜其烦。父母觉得你像突然变了一个人似的，不再是他们熟悉的乖宝宝，你的许多行为在他们来看，都不可理解。因此，你跟父母会发生矛盾是在所难免的。

2. 你学会了质疑。进入青春期，你会开始质疑身边的长辈，质疑他们对你的批评。诸多不满和不信任，让你心生抱怨，抱怨自己孤独和寂寞时，只有同龄的小伙伴可以推心置腹。其实在你的内心，还是非常希望得到长辈的支持的。

3. 这时的你其实内心很脆弱。这个时期的你，多愁善感，甚至喜怒无常，像只浑身长满刺的小刺猬。但内心柔软的你，真的需要呵护。明明没错却遭受不白之冤，明明受了委屈很难过却要假装若无其事，明明心情跌入谷底却要强颜欢笑，令人不安的事真是太多了！

那么，当矛盾出现的时候，我们应该怎么去化解呢？

1. 拥抱自己。谁都有烦恼的时候，谁都会遇到不愉快的事，比如考试考砸了，被人误会是小偷，被人误会不诚实。

其实这些都算不了什么，不过是生活中的小浪花。我们驾驭着青春的小舟，微笑着面对，或高歌一曲，或大笑一场，或去操场跑上两圈，或听听音乐，读读书，做做深呼吸，这些简单的做法都是在拥抱自己，在让自己平复心情，释放掉不愉快的情绪。

2. 努力挽回，以示改正的决心。对生活中自己不经意犯的

小错，主动道歉是正确的做法。比如和妈妈争吵后，妈妈很伤心，这时你主动把屋子打扫干净，用实际行动来打动妈妈，妈妈是不会再和你计较的。再比如体育课跑步比赛你们组中途掉了棒，但经过大家努力，最终夺取了第一名。这一切不恰好说明，只要我们付出足够的努力，事情就会向好的方向发展吗？

3. 开诚布公，一吐为快。心事太多了，就会系成一个个心结，如果不及时打开，就会影响我们的身心健康。这时，你需要找个值得信赖的人去倾诉。去心理咨询室找心理老师，找关系好的长辈，或写写日记，都是将这些心结打开的方式。把内心的想法开诚布公吐露出来，你会感到前所未有的轻松。

4. 主动改变。在某些事情上，如果你一成不变，只会让事态变得更糟，不如转变一下，从自己主动开始，你会感到前所未有的舒坦。比如和朋友吵架后主动道歉，开始品尝讨厌的香菜，戴上自己讨厌的眼镜……慢慢地，你会发现，结果并不是自己之前所想的那样，周围的一切都在变，自己更应该随之而改变。有道是：识时务者为俊杰。

大雁在飞行中度过漫漫长夜，
企鹅在冰雪中战胜残酷的严寒，
骆驼行走在炽热的沙漠中，
蜘蛛拥有过人的建造技术，
花豹的速度令人称叹……
动物们各具特色的才能，
让它们散发着不一样的光彩。
那我身上隐藏着怎样的才能呢？
我当下的梦想是什么呢？
会迎接怎样的挑战呢？
自我激励，振奋不已。
行，就这样，
我已经做得很棒了，
今后不管遇到什么事，我都能做好！

6

怀揣梦想
迎接挑战

练习 总有一天派上用场

“爸妈没吃过这种菜吧？”

└ 在家里尝试烹饪在培训班学做的一道菜。

“学外语比想象的要有趣嘛。”

└ 梦想成为旅行家，刻苦学习外语。

“啊，对了，教练说屁股收得别太过了。”

└ 由于地区棒球选拔赛迫在眉睫，连续一小时练习击球。

这样努力练习，
一定能实现梦想吧？

为了实现梦想，我也必须努力！

练习

罗马不是一天建起来的。坚持不断地学习、操练，总会得到回报。

再好的原石，想要成为宝石，也得打磨！

坚持　苦尽甘就会来

“呼，好想上厕所呀，但我得忍着。”

└ 排队三小时后，终于进到演唱会现场。

“爸爸，今天还能到外婆家吗？”

└ 去外婆家路上花了五个小时，外婆说我辛苦了，给了我超多压岁钱。

“啊，我们还是下山吧？”

└ 最终还是爬上了山顶，虽然腿已经抖得不行。

这就是苦尽甘来吧？

苦尽后甘来还是不来，虽然还不清楚，
但再坚持一下，也没什么大不了。

坚持

成大事不在于力量有多大，而在于能坚持多久。

超负荷　我的心出了故障

“呀，你挖鼻孔太用力了吧？”

└ 学习学得天昏地暗，都学出鼻血来了。

“啊，受不了了！”

└ 一直听妈妈唠叨，最终没忍住大发脾气。

“这也得我做吗？”

└ 准备小组发言，要做的事太多，最终崩溃大哭。

感到超负荷时，
需要休息。

我总是懒懒散散的，还犯困。
不知道是不是因为学习超负荷了？

超负荷

要做的事太多，负担太重，承受不住了。

探索　将来我能干啥呢

思考自己成年后，做什么工作会让自己感到幸福。

“趁现在，我也要有梦想。”

└ 度过极其平淡的一天后，开始认真考虑我的梦想。

“是方法错了吗？”

└ 打算调整一下死记硬背的学习方式。

只要认真探索，
就一定会实现梦想！

可是，怎样才能交到
要好的朋友呢？

探索

积极思考，寻找方法或道路去解决问题，通常都会有新的收获。

沉浸 注意力超集中

"我对游戏不怎么感兴趣。"

└ 喜欢的音乐 MV 却可以反复看无数遍。

"这个可能会考，注意听一下。"

└ 考前不漏掉老师的每句话。

"准备点什么才能让大家大吃一惊呢？"

└ 为了参加科学大赛冥思苦想。

有时，沉浸在一件事中，
连谁叫我都听不到。

但是，我最近为什么
老沉浸在一些让人不安的事情里呢？

沉浸

注意力或精力集中在一件事上。

振奋　像飘在空中一样

“我不是说过会考吗？”

└ 考前押中考试题。

“老师，我没逃避，也在努力学习，您都知道吧？”

└ 面谈的老师对我说：“你的改变，我一直看在眼里。”

“我居然这么厉害！”

└ 在远处用力一踢，球竟然直接进了对方的球门。

我是不是振奋得有些过了？

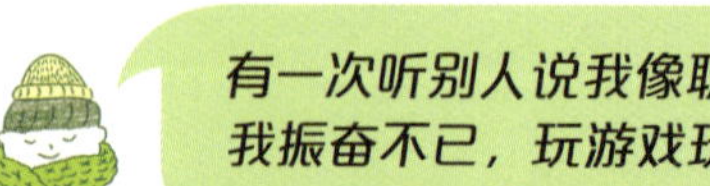

有一次听别人说我像职业玩家，
我振奋不已，玩游戏玩到都忘我了。

振奋

振奋是帆，让我的身心皆充满了力量。

心情好到要飞起来！

自我激励 我已经很棒了

“呀，你怎么进画里去了？”

└ 我画的自画像简直和我一模一样！

“噢，爸爸你什么时候来的？”

└ 听网课太专注，都不知道爸爸来了。

“老师，听的时候您微微闭上眼，是惊叹于我的发言吧？”

└ 今天课上，无论是我的发言内容，还是发言时的表现，都堪称完美。

这时候还不赶紧夸夸自己？

比起“啊，怎么会这样”，
多给自己一些类似“对，做得很棒”的鼓励。

自我激励

自我激励是一个人迈向成功的永动力。

潜力　我还有这种才能呢

“呀，你完全可以去当笑星了。”

└ 不管我说啥，都能让大家笑得拍桌子。

“你乒乓球打得真不赖。”

└ 为了拿操行分，第一次和同学进行乒乓球比赛，结果大获全胜。

无意间跟着偶像明星比画跳舞，发现我竟有些舞蹈天分。

好像有潜力。

我也得认真地发掘一下自己的潜力！

潜力

你能做到的，远比你想象的要多。

青春期密语

风花雪月，花飞花落，不经意的生活场景都会打开你幻想的大门，让青春焕发出五彩光芒。此时的你好奇心特别强，对周围世界充满了探索的欲望，偶尔心里有些许迷茫，前途未卜，但心中的梦想，却像熊熊燃烧的火炬，指引着你在成长的路上不停地奔跑。有时你不止一次地问自己：将来我会干什么？从事什么样的工作才能拥有幸福的人生呢？有这样的想法非常好，说明你已经怀揣梦想，开始迎接人生的挑战了。

关于梦想，你需要清楚以下几点：

1. 这个时期的你，正处在想象的黄金期。新奇的念头随时都会从头脑中迸发出来，随之而来的还有大大小小的欲望。这些欲望构成了一个个梦想，有成长需要的天赋特长，也有虚无缥缈的幻想，但不管如何，都表达了你对美好生活的向往。

2. 梦想最好从实际出发。这个时候，你的梦想是断断续续不连贯的，今天想挑战这个，明天又想挑战那个。即便有时候不确定，但随着你走向成熟，梦想会变得越来越明确，最终形成坚定的人生目标，屹立在心底毫不动摇。

3. 容易好高骛远。有远大的目标固然好，但如果眼高手低，就太盲目了。这个时期的你很容易自高自大，高估自己的实力，以致远大的梦想变得可望而不可即。

为了实现梦想，我们要迎接各种挑战，那具体该怎么做呢?

1. 不断尝试练习。在实现梦想这条道路上，勤奋操练是必不可少的。比如：为了实现厨师梦，在家里不断操练在烹饪班学到的厨艺；为了成为旅行家，努力学习外语；为了雕刻出艺

术品，站在原石面前，一锤锤不断打磨。这些都在告诉我们一个简单的道理：唯有耐得住寂寞，坚持不懈，才能苦尽甘来。因为，罗马不是一天建成的。

2. 认真探索。在逐梦的路上，你会遇到大大小小的困难，比如：学习学得天昏地暗，身体出了问题，死套公式导致错误百出。在困难面前，唯有认真求索，积极思考，才能找到方法和出路。不管是身体超负荷，还是学习不得法，我们都要学会敢于面对。超负荷了就减减压，休息休息，劳逸结合。当然，学习方法也很重要，科学的学习方法，会达到事半功倍的效果。

3. 振奋精神。在追梦的路上，你要斗志昂扬，身心充满力量。否则，别人一句不中听的话，小小的情绪波动，都会让你失去斗志。运动，会让身体分泌多巴胺，保持兴奋度，情绪高涨；听励志的歌曲，会让你振奋不已；读名人传记，会被励志的故事所鼓舞；每天对着镜子夸奖自己，积极地自我暗示。这些做法都有助于我们在追梦的路上，披荆斩棘，奋斗不已。

4. 着迷与专注。对自己喜欢做的事，人们往往很容易着迷，精力也很集中，以至于达到忘我的境界。在这种情况下，最能挖掘出一个人的潜力。你能做到的，远比你想象的要多得多。为此，平时做做冥想，进行深呼吸，有意识地训练自己进入忘我的境界对自身的生理、心理的发展都是有益的。

出生在河流中的鲑鱼将大海当作目的地，
等待它的会是安稳的旅程吗？

如果不是情绪猛然间涌上心头，
你我也许并不会仰望天空；
如果不曾在深夜
用手背拭去眼角的泪水，
或许就无法拥有深邃广阔的视野
来审视这个世界。
用尽全力向前，
哪怕速度有些缓慢！
我想对这样的你和我，
以及身边所有人，
说一声“加油”！
希望我们都能最终抵达梦想中的乐园！

7

拥抱美好的明天

比拼　赛出真水平

“呃，难分高下！”

└ 休息时间，大家围到一起掰手腕，比试谁的力气大。

“世界杯是几年一次？”

└ 热身赛上，国家队和外国代表队实力相当，
打得热火朝天。

“要是你，会选谁呢？”

└ 班长候选人正在认真地演讲拉票。

没有犯规的比赛
总让人看得津津有味！

想靠不正当的方法在竞争中获胜，
真丢人！

比拼

良好的拼博环境，会使人进步。

宁静　感受生活的美

“好久没这样过了？”

└ 枕着胳膊躺在运动场看台上，仰望秋日晴空万里。

“真美啊！”

└ 坐下来眺望雾气缭绕的湖水。

“这里可真是看星星的好地方。”

└ 在乡下姨妈家的院子里仰望群星。

身处静谧的环境，
心也跟着静了下来。

我希望我的心偶尔也能获得片刻的宁静。

宁静

人生需要一些慢下来、静下来的时刻，静静观赏花开花谢。

风度 毕竟不是小孩子了

有人骂我，我并没有以牙还牙，

而是冷静地指出他的错误。

“虽然我也很累，但让座是应该的。”

└ 公交车上好不容易才有了座位，

但我还是将它让给了老人。

他就像一棵在暴风雪中依然挺立的大树。

这种时候

能感受到某种风度吗？

如果丢了风度，

我的品格也会像泡沫一样显得轻浮吧！

风度

优雅的风度是一张醒目的名片。

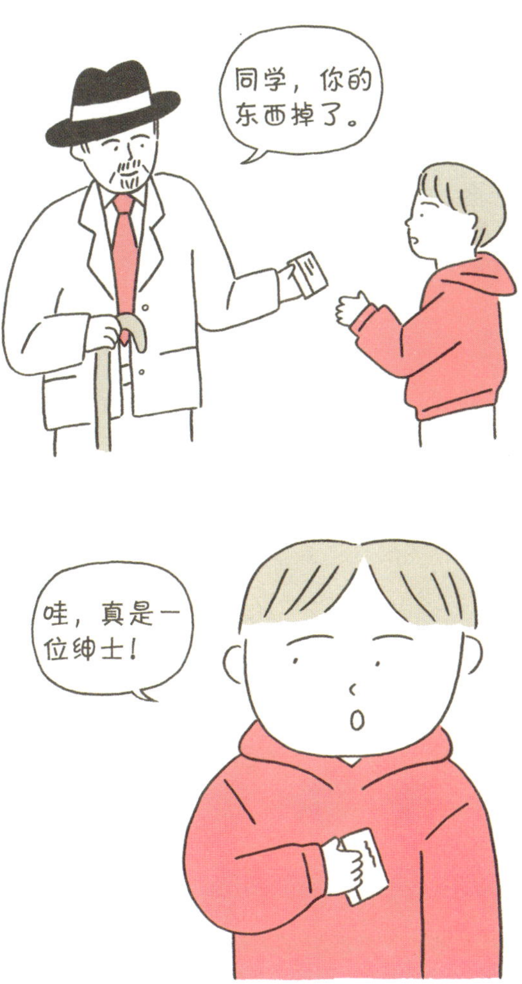

入迷 音乐如此美妙

“我居然在听这种音乐！”

└ 偶然听到古典音乐而一发不可收。

“你在运动方面怎么那么厉害？”

└ 就没有东勋不会的运动项目，让人大吃一惊。

“这个作家还有什么作品？”

└ 新出的一部青少年小说真有趣，让我欲罢不能。

一旦入了迷，
就很难再走出来了吧？

其实，我最近
彻底迷上了嘻哈社团的表演。

入迷

仿佛着了魔般地被吸引住。

素质 别太过分了

“啊，真让人不爽！”

└ 在电影院毫无顾忌地接打电话。

“难道来晚了不应该等着？”

└ 大家都在排队，有人却想插队。

“说真的，这也太过分了！”

└ 在网上直播虐待动物。

怎么能如此毫无顾忌
做出没有素质的举动呢？

真想远离那些
连最起码的行为准则也不遵守的人。

素质

有素质的人的精神，比粗鄙的人的财富更有价值。

门外汉 不懂并没有错

“完全看不懂。”

└ 在姑妈的威逼利诱下一起去看音乐剧，全程昏昏欲睡。

“没有一个我认识的歌手。”

└ 和喜欢流行乐的朋友一起听歌。

“政治哲学又是个啥？”

└ 姐姐在上大学，偶然翻开她的书，感觉完全是天书。

这种时候
会觉得自己是个门外汉吧？

想要积累知识，
各个领域的书都应该看一点儿。

门外汉

只要用心，门外汉也能成为内行人。

主见　会独立思考

“别因为我年纪小，就无视我！”

└ 已经忍了很久的话，堂堂正正说出来。

看到路旁的民房在冒烟，

没有视而不见，而是拨通了119。

朋友约我翘课去打游戏，我选择委婉地拒绝了他。

这种时候

显得很有主见吧？

我虽然没有什么高言大志，

但我丝毫不会动摇做人的原则。

主见

心怀主见，在逆境中仍能坚守正义和良知的人，往往都是智者。

感动 有人疼有人爱真好

原以为谁都不知道我的生日，

谁知朋友悄悄为我准备了生日派对。

“没关系，下次好好考就行了。”

└ 考砸后回到家，妈妈将我紧紧抱在怀中。

“这样的世界可好？”

└ 在心中梦想一个人人都能吃饱、穿暖的世界。

要是你，也会突然落泪吧？

对，希望流下的不是“悲伤的眼泪”，
而是“快乐的眼泪”。

感动

感动往往来自那微不足道却意义非凡的一瞬间。

贪心　要懂得适可而止

“吃完炒年糕、炸鸡、比萨。啊，还得吃饭呢！”

└ 虽然已经饱了，但我还是不停地吃。

“我也要马上换那一款。”

└ 两个月前才换了手机，看到别人的手机有新功能，又想买新的。

“这老太婆也太贪心了吧？”

└ 给妹妹读《渔夫和金鱼的故事》，再次被故事里骄横、凶狠、贪得无厌的老太婆给气到了。

像这样放纵自己的贪心，
肯定会完蛋吧？

任何事一旦过于贪心，
最终往往不会有好下场。

贪心

贪心就像一条绳索，将人的心越缠越紧，最后让人理智全无。

和平　携手创造未来

“我也要改变自己。”

└ 从前我总爱在那些比自己弱的孩子身上找碴，现在我决心洗心革面。

“请戒掉酒做回我的好爸爸吧！”

└ 爸爸以前几乎每天都喝得醉醺醺的。

终于明白因对立而进行的战争到底有多么残酷可怕了！

和平就快到来了！

今天起我也要结束和父母的“战争”，开启和平的时代！

和平

和平是写满了快乐音符的赞歌，是涂满了如意颜料的图画。

期盼着和平。

仰望星空，你也许会激动，想象着自己是否能拥有如星辰般璀璨的人生，故而时常拿自己与他人比较，希望将来略胜一筹。此时的你，已经初步具备了获得成功、保持独立的能力，内心渴望打破目前一成不变的生活，去创造属于自己的梦想乐园。哪怕速度有点缓慢，但内心目标笃定，依然竭尽全力向前，去拥抱美好的明天。

展望未来，你需要注意以下几点：

1. 未来存在不确定性。因此你要时刻保持清醒的头脑，不可盲目或莽撞行事。即便你的情绪趋于稳定，但面对未来，还是会感到些许焦虑，甚至有时会后悔，后悔为改变现状而仓促做出的决定。所以，保持冷静尤为重要。有时间不妨欣赏一下静谧的风景，让心灵获得片刻的安宁，思绪才会被理清。

2. 立足当下，把握今天。过去的已经无法改变，未来的还没有到来，你能把握和拥有的只有现在。与其抱怨过去的种种，坐待明天，不如发奋努力，把握今天。因为珍惜今天，就是为美好的明天做准备。况且，美好的明天也不是等出来的，而是立足当下，比拼出来的，是在正当的竞争中脱颖而出的，即便比拼的过程很艰难。

3. 一路坚持，永不言弃。这个时期，父母因为担心会给予你过多的帮助，但这只会削弱你的自信心，甚至会让懒散找上门来。但独立意识日益增强以及初生牛犊不怕虎的你，即便暂时还是某个领域的门外汉，也不必气馁，只要努力学习知识，为实现自己的人生蓝图，一路所向披靡，勇敢走下去就好。

为了美好的明天，不妨试试以下做法：

1. 投身自己感兴趣的领域。听古典音乐一发不可收而成为音乐家；看小说入迷，醉心写作而成为作家；欣赏绘画被吸引而成为画家……这一切说明人一旦在某一领域入了迷，并花费大量的时间投身其中，几乎天天在做同一件事，经过长时间的打磨，奇迹便会发生。

2. 提高自身的素养。在公共场合遵守行为准则，善待弱小的人与动物，欣赏绘画作品来培养美感，认真阅读书籍来积累知识，在逆境中坚守内心的正义和良知。每做一件事都以高标准来严格要求自己，容不得有半点马虎。同时接受身边人的监督，言行一致，努力打造完美的自己。一句话，提高素养便是提高了自身价值。

3. 做事要有主见，秉持公正。在处理事情上要有主见，绝不能因为他人一句话的暗示，而让信念有丝毫动摇。比如选举学生干部，你一定要坚持自己的想法，把票投给更优秀的同学。让更优秀的人身挑重担，以便更好地为大家服务。

4. 要懂得适可而止。在任何事情面前，都要懂得适可而止，切莫因一时的贪念，而做出过激的行为。还要给自己树立边界感，处理事情时言行要有分寸。

5. 与父母开启和平时代，携手创造美好的未来。随着青春期即将落幕，你终于结束了与父母的“战争”，开启了和睦相处的时代。与父母推心置腹交谈，说出彼此的真心话，打开长久以来的心结。换位思考，体谅对方，约定接受彼此的监督，帮助对方改掉缺点，共同成长。

图书在版编目（CIP）数据

青春期驾到，放轻松 / (韩) 朴城佑著 ; (韩) 朴瑷京绘 ; 李旋译.
— 成都 : 天地出版社, 2022.9
ISBN 978-7-5455-7180-6

Ⅰ. ①青… Ⅱ. ①朴… ②朴… ③李… Ⅲ. ①青春期—健康教育
—青少年读物 Ⅳ. ①G479.2-49

中国版本图书馆CIP数据核字（2022）第113020号

QINGCHUNQI JIADAO, FANG QINGSONG

青春期驾到，放轻松

出品人	杨 政	责任编辑	罗 艳 李婷婷
总策划	陈 德 戴迪玲	美术设计	谭启平
作 者	［韩］朴城佑	排版制作	书情文化
绘 者	［韩］朴瑷京	营销编辑	陈 忠 魏 武
译 者	李 旋	责任印制	刘 元 葛红梅
策划编辑	李婷婷		

出版发行 天地出版社
（成都市锦江区三色路238号 邮政编码：610023）
（北京市方庄芳群园3区3号 邮政编码：100078）
网 址 http://www.tiandiph.com
电子邮箱 tianditg@163.com
经 销 新华文轩出版传媒股份有限公司
印 刷 北京中科印刷有限公司

版 次 2022年9月第1版
印 次 2022年9月第1次印刷
开 本 889mm × 1194mm 1/32
印 张 5.5
字 数 90千
定 价 42.00元
书 号 ISBN 978-7-5455-7180-6

咨询电话：（028）86361282（总编室）
购书热线：（010）67693207（市场部）

如有印装错误，请与本社联系调换。